Los felinos de los presidentes

Grace Hansen

Abdo Kids Junior es una
subdivisión de Abdo Kids
abdobooks.com

MASCOTAS PRESIDENCIALES

abdobooks.com

Published by Abdo Kids, a division of ABDO, P.O. Box 398166, Minneapolis, Minnesota 55439. Copyright © 2023 by Abdo Consulting Group, Inc. International copyrights reserved in all countries. No part of this book may be reproduced in any form without written permission from the publisher. Abdo Kids Junior™ is a trademark and logo of Abdo Kids.

Printed in the United States of America, North Mankato, Minnesota.

102022

012023

THIS BOOK CONTAINS RECYCLED MATERIALS

Spanish Translator: Maria Puchol

Photo Credits: Getty Images, Library of Congress, Shutterstock

Production Contributors: Teddy Borth, Jennie Forsberg, Grace Hansen

Design Contributors: Candice Keimig, Pakou Moua

Library of Congress Control Number: 2022939380

Publisher's Cataloging-in-Publication Data

Names: Hansen, Grace, author.

Title: Los felinos de los presidentes/ by Grace Hansen.

Other title: Cats of presidents. Spanish

Description: Minneapolis, Minnesota: Abdo Kids, 2023. | Series: Mascotas presidenciales | Includes online resources and index.

Identifiers: ISBN 9781098265182 (lib.bdg.) | ISBN 9781098265762 (ebook)

Subjects: LCSH: Cats--Juvenile literature. | Pets--Juvenile literature. | Presidents--Juvenile literature. | Presidents' pets--United States--Juvenile literature. | Spanish language materials--Juvenile literature.

Classification: DDC 973--dc23

Contenido

Los felinos de
los presidentes 4

Más mascotas
presidenciales 22

Glosario 23

Índice 24

Código Abdo Kids . . .24

Los felinos de los presidentes

Casi todos los presidentes de Estados Unidos han tenido mascotas. ¡Algunos han tenido felinos!

Al presidente Martin Van Buren le regalaron un par de **cachorros** de tigre. Pero el **Congreso** no le permitió quedárselos.

Martin Van Buren

El presidente Abe Lincoln
tuvo dos gatos que adoraba.
Se llamaban Tabby y Dixie.

Abraham Lincoln

9

La familia del presidente
Hayes tuvo un gato, Siam.
Fue el primer gato siamés
de los Estados Unidos.

La familia del presidente McKinley tuvo una gata de angora. De ella nacieron cuatro gatitos.

la familia McKinley

13

Al presidente Roosevelt le regalaron un puma. Lo regaló al zoo, pensó que allí podrían "cuidarlo adecuadamente".

Theodore Roosevelt

15

La familia del presidente Coolidge tuvo muchas mascotas. ¡Dos fueron **cachorros** de león!

Calvin Coolidge

17

La familia de JFK tuvo un gato que se llamaba Tom Kitten. El presidente era **alérgico** a Tom.

La familia del presidente Clinton tuvo el gato Calcetines. El lugar favorito de Calcetines era el despacho oval.

Bill Clinton

Más mascotas presidenciales

Woodrow Wilson
El gato Puffins

Gerald Ford
Shan • Gato siamés

Jimmy Carter
Misty Malarky • Gato siamés

George W. Bush
India • Gato americano de pelo corto

Glosario

alérgico
tener una alergia. Una alergia es una reacción extraña a algo, por ejemplo, al pelo de los gatos o al polvo.

cachorro
cría de mamífero.

Congreso
rama del gobierno de un país donde se crean las leyes o reglas.

Índice

familia Clinton, la 20

familia Coolidge, la 16

familia McKinley, la 12

gato de angora turco 12

gato de pelo corto doméstico 20

gato siamés 10

Hayes, Rutherford B. 10

Kennedy, John F. 18

león 16

Lincoln, Abraham 8

puma 14

Roosevelt, Theodore 14

tigre 6

Van Buren, Martin 6

¡Visita nuestra página **abdokids.com** y usa este código para tener acceso a juegos, manualidades, videos y mucho más!

Los recursos de internet están en inglés.

Usa este código Abdo Kids

PCK9247

¡O escanea este código QR!